Liebe Kinder!

Wie ist es bei euch, wenn ihr vor dem Fernseher sitzt und einen spannenden Film oder einen sportlichen Wettkampf seht, lasst ihr euch da so leicht ablenken? Doch wohl kaum.

Wie ist es aber, wenn die Mutti euch bittet, ihr im Haushalt zu helfen oder eure Hausaufgaben selbstständig anzufertigen oder wenn die Lehrerin (der Lehrer) in der Schule von euch die Erledigung einer Übung (Aufgabe) verlangt? Seid ihr da auch so aufmerksam und erledigt alle Aufgaben schnell und zuverlässig? Oder braucht ihr da schon mal Ermahnungen wie: »Träume nicht!«, »Nimm deine Gedanken zusammen!«, »Konzentriere dich auf deine Aufgabe!«?

Wisst ihr, was aufpassen und konzentrieren bedeutet?

Es bedeutet, dass man all seine Gedanken und Bemühungen auf ein bestimmtes Thema lenkt oder auf eine bestimmte Aufgabe, die man besonders gut erledigen will (soll). Dieses Aufpassen ist besonders in der Schule wichtig, um zu lernen.

Aber auch beim Spielen mit Freunden, bei Freizeitaktivitäten ist es wichtig, dass man sich auf die anderen einstellt, Regeln beachtet und durchhält, bis das Begonnene zu Ende geführt ist.

Es gibt Kinder, die mit dem Aufpassen (Konzentrieren) so ihre Probleme haben. Aber Aufpassen und Konzentrieren kann man erlernen und trainieren (üben). Ihr könnt es auch.

So wie ein Sportler regelmäßig trainieren muss, um in guter Form zu sein, so sollt auch ihr mit Hilfe dieses Trainings-Programms lernen, eure Fähigkeiten zur Lösung von Aufgaben gut zu nutzen. Eure Trainerin oder euer Trainer wird euch dabei helfen. So werdet ihr Fehler vermeiden und damit mehr Freude haben.

Ich wünsche euch viel Spaß und Erfolg mit diesem Konzentrationstrainings-Programm.

Christine Ettrich

1. Tag

Aufgabe A: Zuordnen

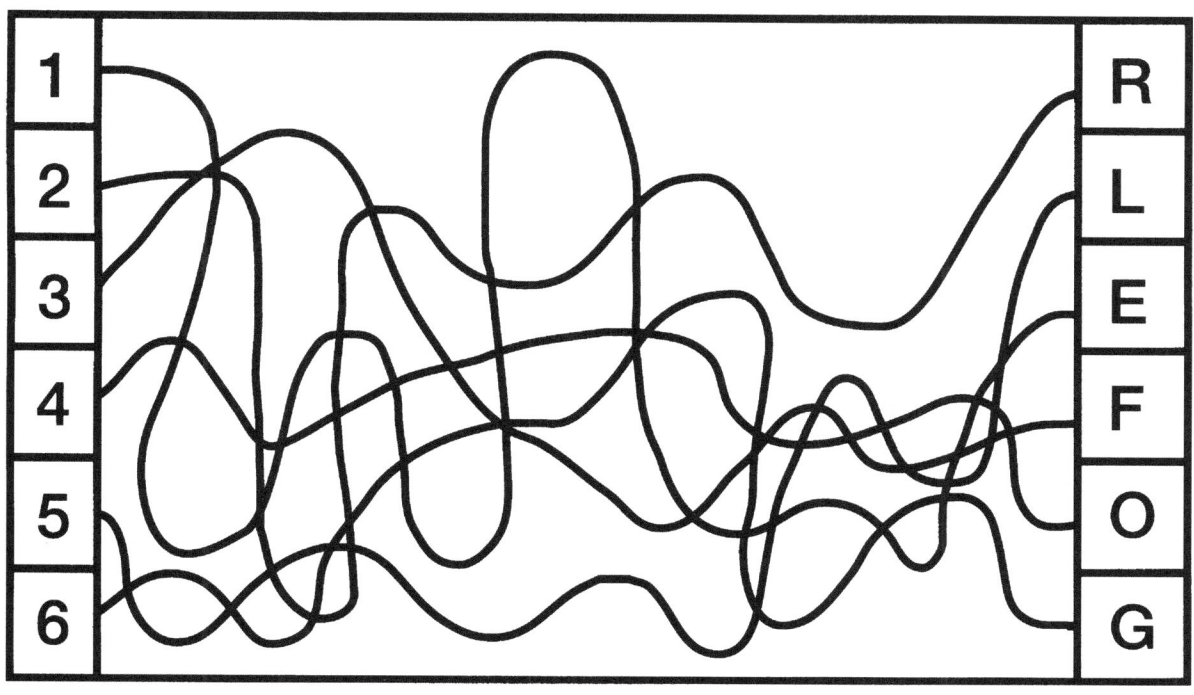

___ ___ ___ ___ ___ ___
 1   2   3   4   5   6

Aufgabe C: Ergänzen fehlender Teile

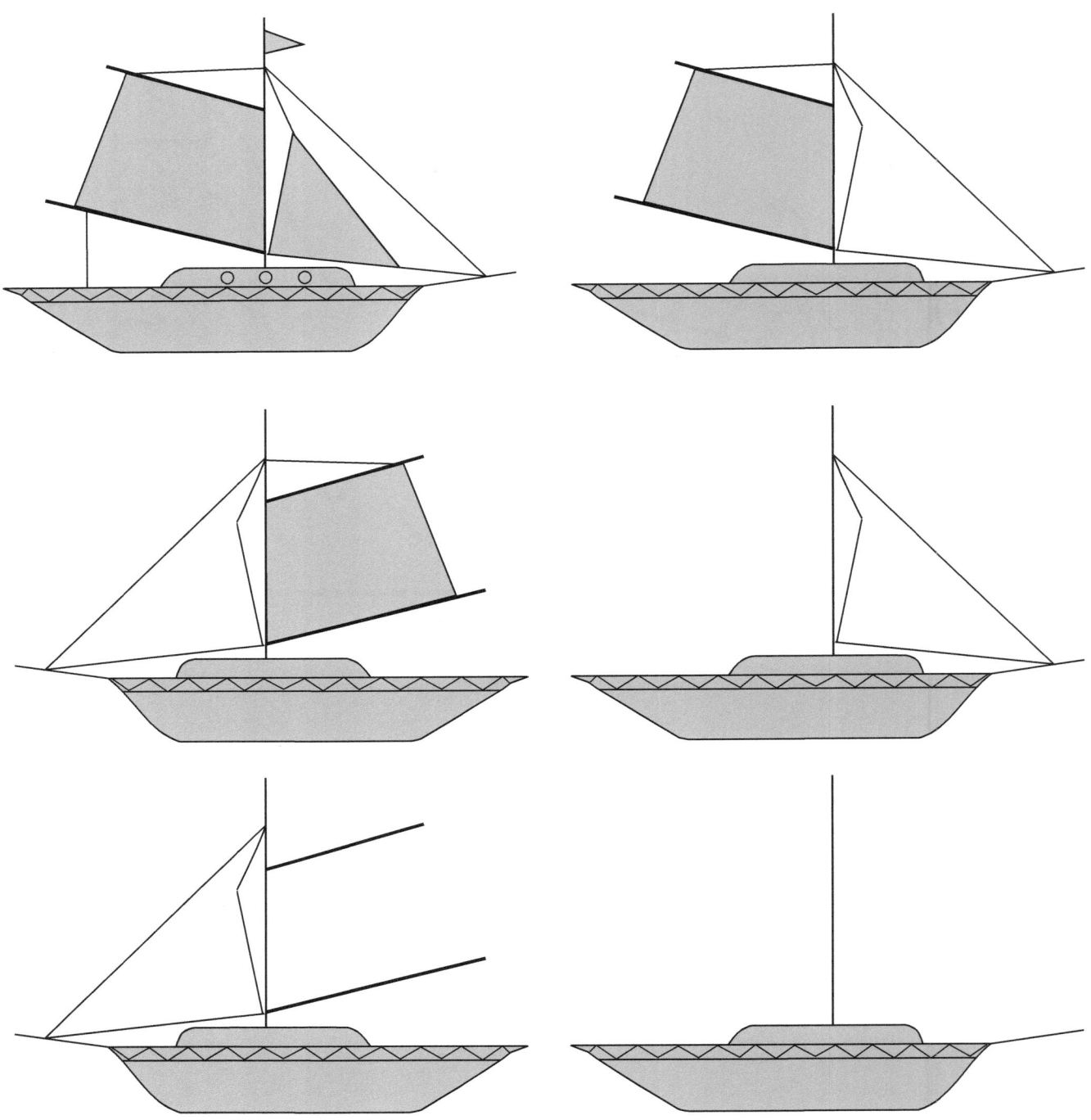

Aufgabe C: Gleich oder verschieden?

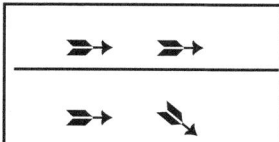

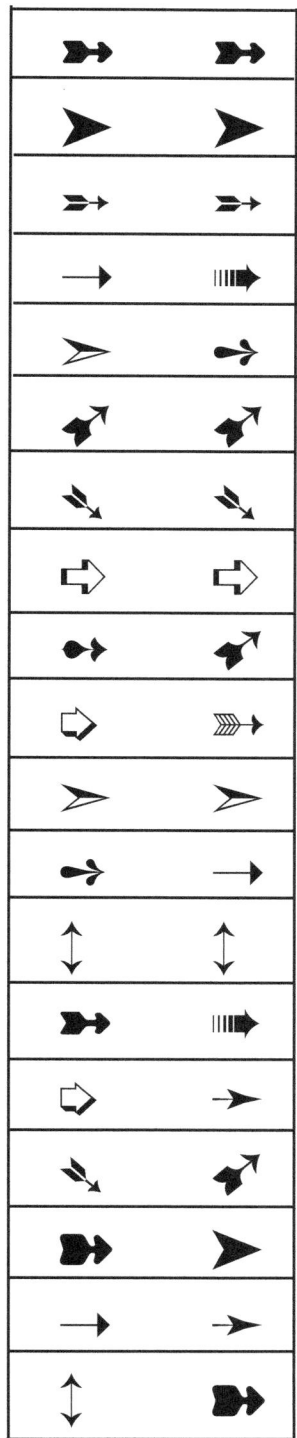

Wie oft sind diese Pfeile auf dem Arbeitsblatt?

3. Tag

Aufgabe A: Gemeinsamkeiten und Unterschiede

Beispiel:	Apfel	Birne	Hemd	Kirsche	Pflaume
1)	Erdbeere	Lineal	Pfirsich	Orange	Banane
2)	Zange	Hammer	Bohrer	Säge	Radio
3)	Stroh	Hund	Hamster	Maus	Katze
4)	Bein	Kopf	Hand	Hals	Gardine
5)	Tisch	Ball	Schrank	Stuhl	Bett
6)	Brot	Butter	Bleistift	Wurst	Käse
7)	Klaus	Jutta	Karla	Laura	Monika
8)	Handtuch	Zahnbürste	Spiegel	Kamm	Fahrrad
9)	Heidelberg	Berlin	Leipzig	München	Erzgebirge
10)	Rose	Tanne	Nelke	Veilchen	Tulpe
11)	tanzen	flüstern	schreien	rufen	sprechen
12)	rot	verwaschen	grün	weiß	gelb
13)	Zeitung	Buch	Zeitschrift	Atlas	Zeichenblock
14)	schnell	lang	tief	breit	hoch
15)	Flasche	Uhr	Topf	Kanne	Vase
16)	Frühling	Sonntag	Sommer	Winter	Herbst
17)	Vater	Mann	Mutter	Tochter	Sohn
18)	Bach	Teich	Insel	Fluss	Meer
19)	Weg	Steg	Straße	Autobahn	Berg
20)	Gemüse	Blumen	Sträucher	Mauer	Bäume

3. Tag

Aufgabe B: Tiere suchen

4. Tag

Aufgabe A: Ausmalen

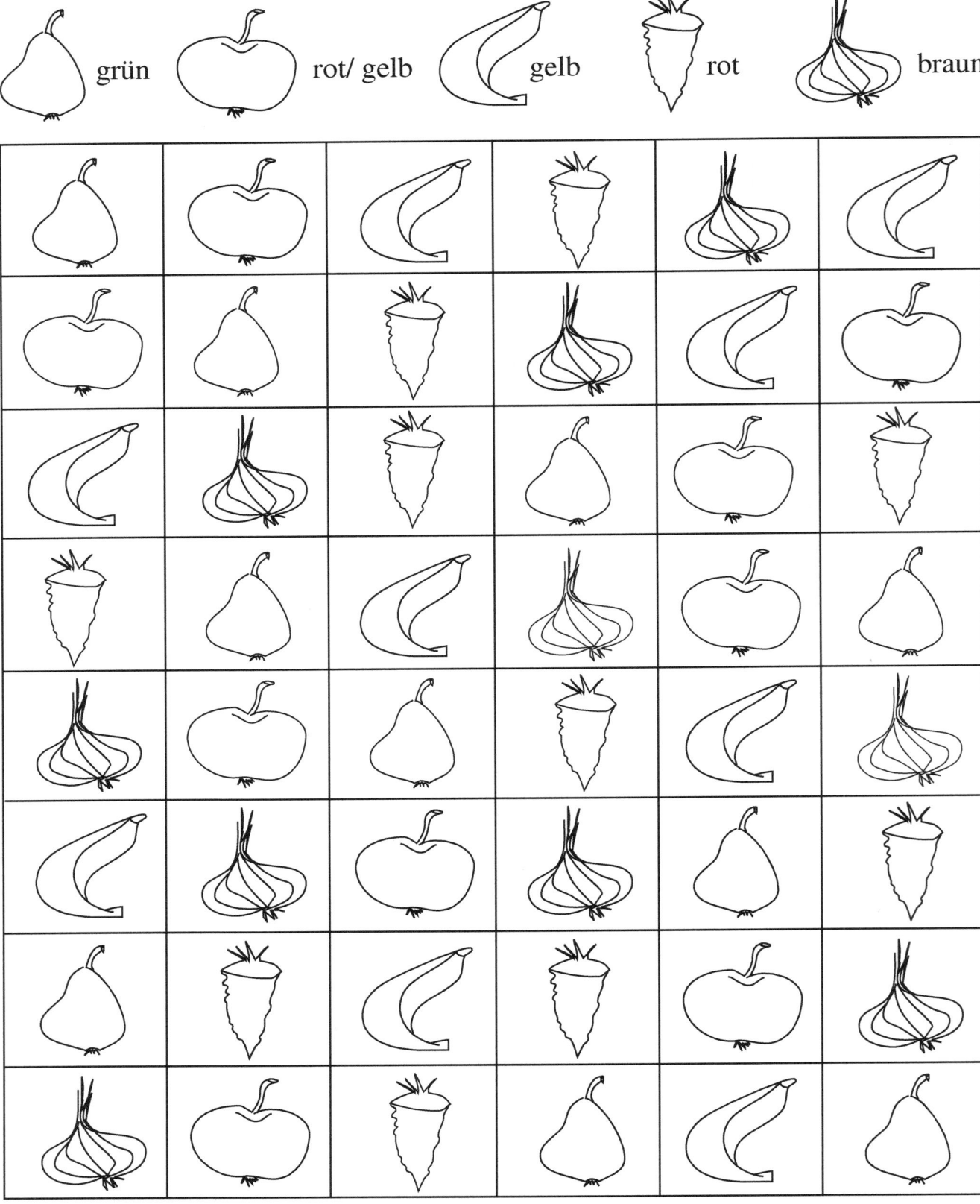

Aufgabe C: Häuser zeichnen

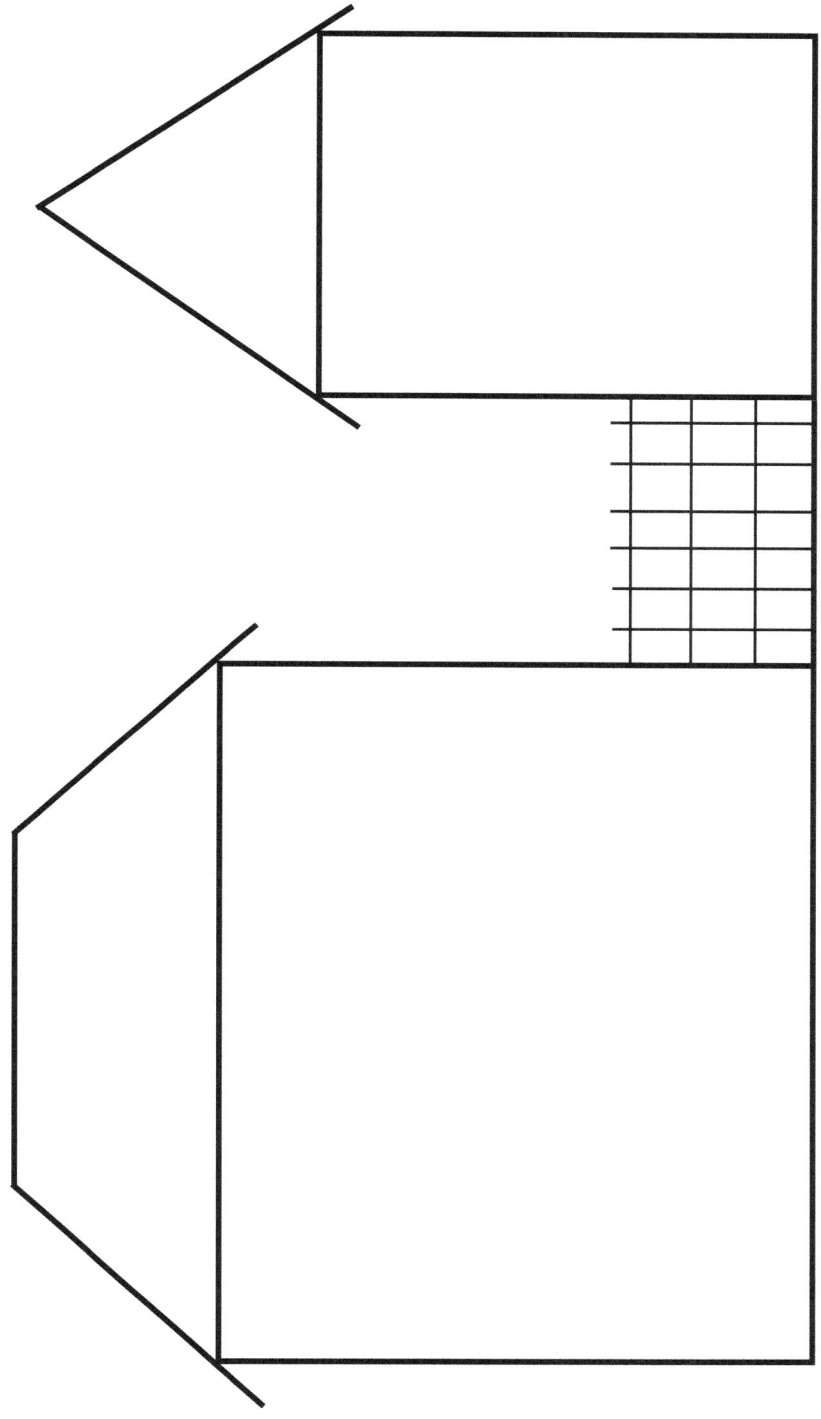

5. Tag

Aufgabe A: Bildung neuer Wörter durch Weglassen oder Hinzufügen einzelner Buchstaben

Weglassen eines Buchstabens

RAST	– R	SCHALE	– E	STAND	– T
SCHRANKE	– E	TEILE	– T	REISEN	– R
PLANE	– E	WEICHE	– W	TEILEN	– T
KLASSE	– L	HUND	– H	BEIN	– B
BRAND	– R	BROT	– B	FLASCHE	– F
TORTE	– T	NEUN	– N	SCHWACH	– W
MAUS	– M	FEIN	– F	GALLE	– G
LASCHE	– L	MAHLEN	– H	DÜBEL	– D

Trage die neuen Wörter hier ein!

Hinzufügen eines Buchstabens

BAU	– M	REIS	– E	EILEN	– F
LEID	– K	KUR	– T	LEDER	– I
ELKE	– N	TEE	– R	ARTEN	– K
BETT	– R	BAND	– R	KUR	– Z
DUCKEN	– R	SCHUSS	– L	SCHIFF	– L
ESSER	– M	ECKEN	– N	ACHT	– N

Trage die neuen Wörter hier ein!

Aufgabe C: Gesichter vervollständigen

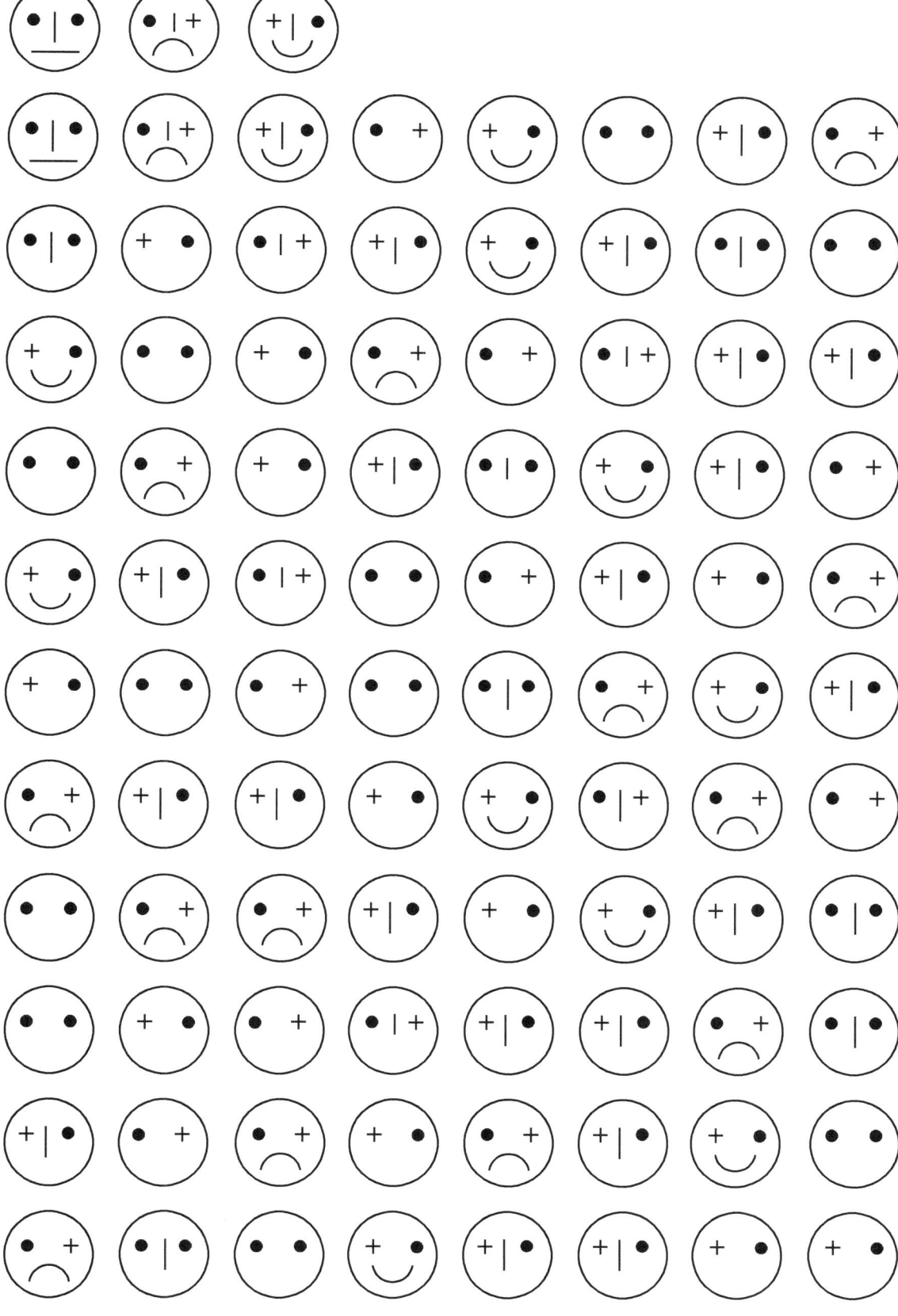

6. Tag

Aufgabe A: Quadrate und Kreise unterschiedlich farbig gestalten

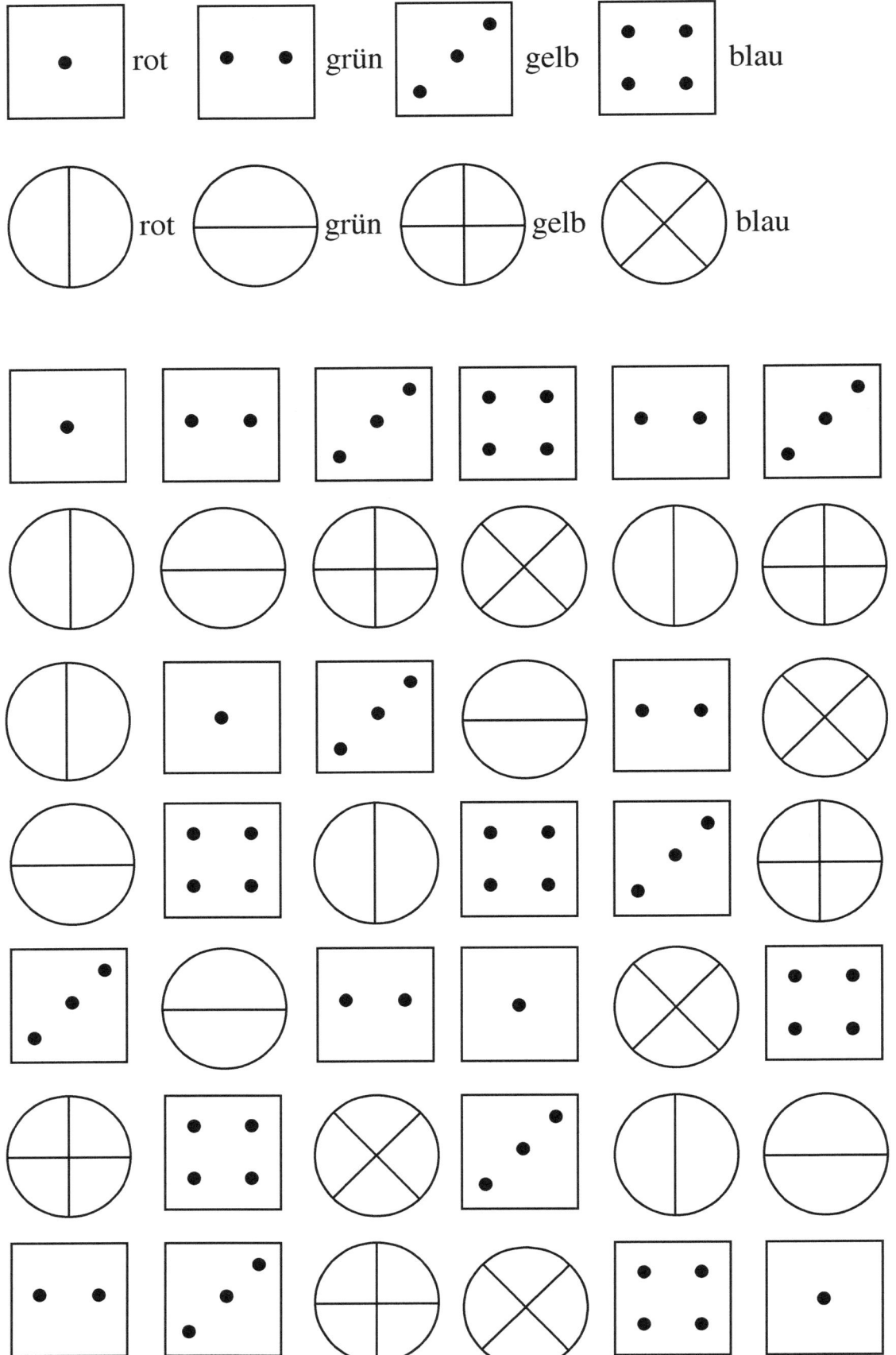

6. Tag

Aufgabe C: Figur nachzeichnen

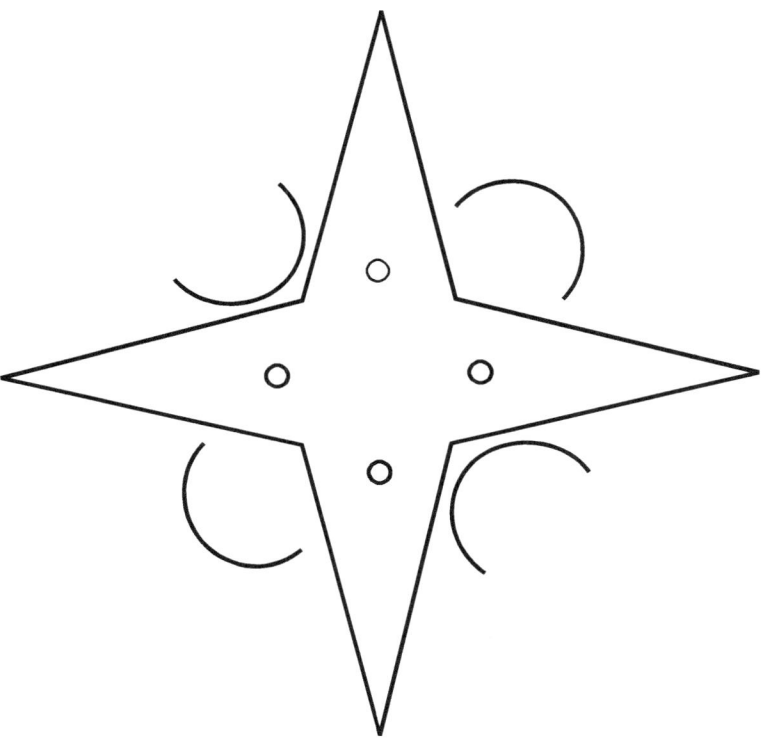

Zeichne hier!

7. Tag

Aufgabe B: Bildvergleiche

8. Tag

Aufgabe A: Figuren ausmalen

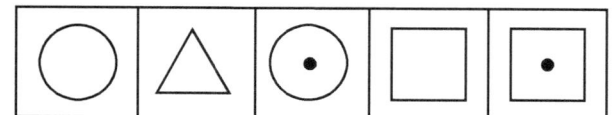

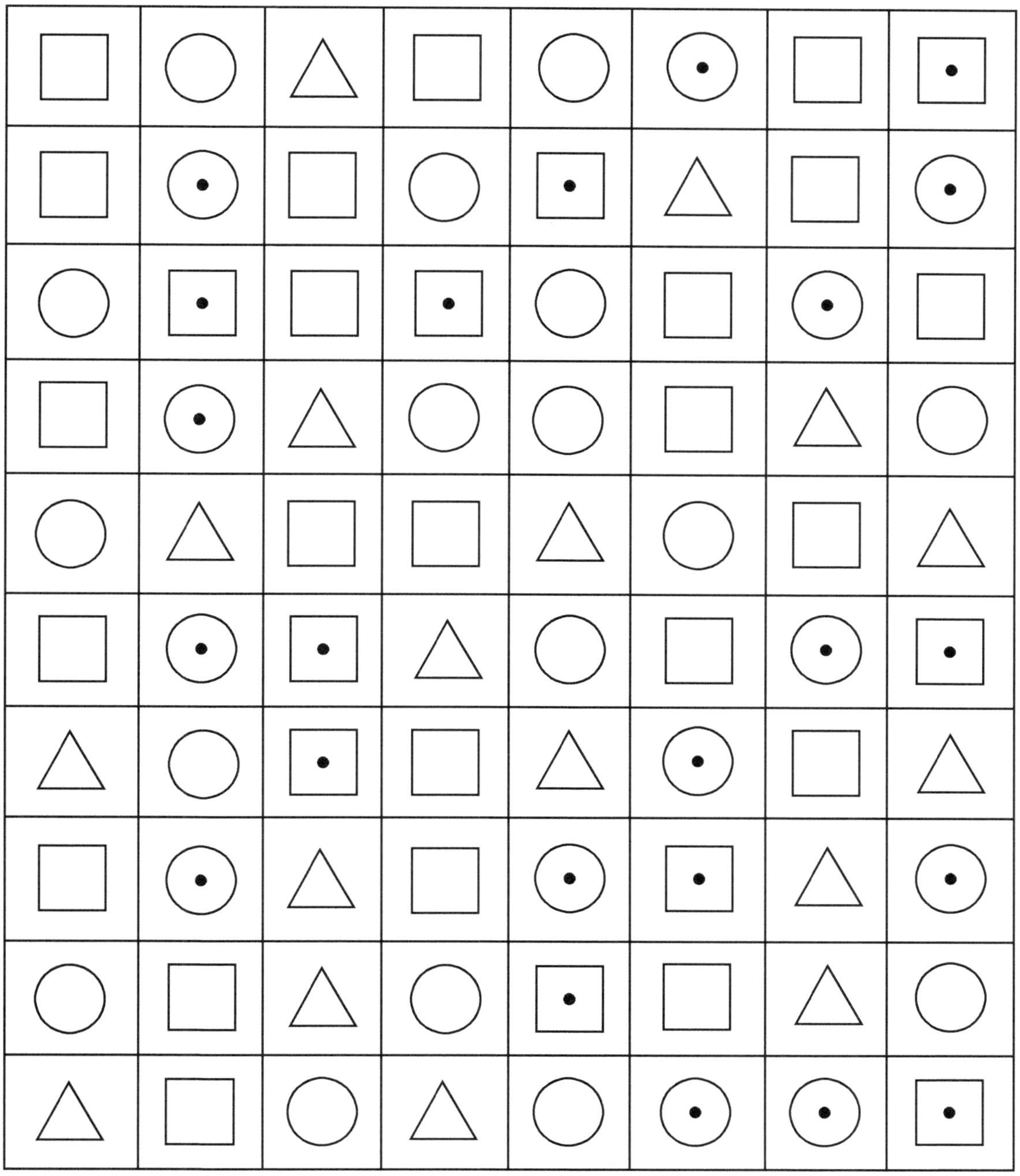

Aufgabe B: Figuren merken

Muster	○	□	△	▱
Probedurchgang				
1. Durchgang				
2. Durchgang				
3. Durchgang				

9. Tag

Aufgabe A: Wörter ordnen

1.	UATO	– AUT
2.	EUGA	– AUG
3.	NIEB	– BEI
4.	DURN	– RUN
5.	VELGO	– VOG
6.	IRNBE	– BIR
7.	ASSERW	– WAS
8.	NELLSCH	– SCH
9.	SCHINAME	– MAS
10.	BEERENDER	– ERD
11.	ROBT	– B
12.	ELIE	– EI
13.	UBEST	– ST
14.	AUFKEN	– KA
15.	ELENAFT	– EL
16.	OHCH	– H
17.	IEFTE	– T
18.	AUFLEN	– L
19.	SCHIF	– F
20.	OLOMOKVITE	– L
21.	KITAMEHTAM	– MA
22.	SIELEGOV	– EI
23.	ENUDD	– D
24.	DERNELKA	– K
25.	SIEBÄR	– E
26.	FEERI	– F
27.	ULSCHE	– S
28.	ASTSE	– T
29.	ALTBT	– B
30.	NEBEE	– E

10. Tag

Aufgabe B: Quadrate zuordnen

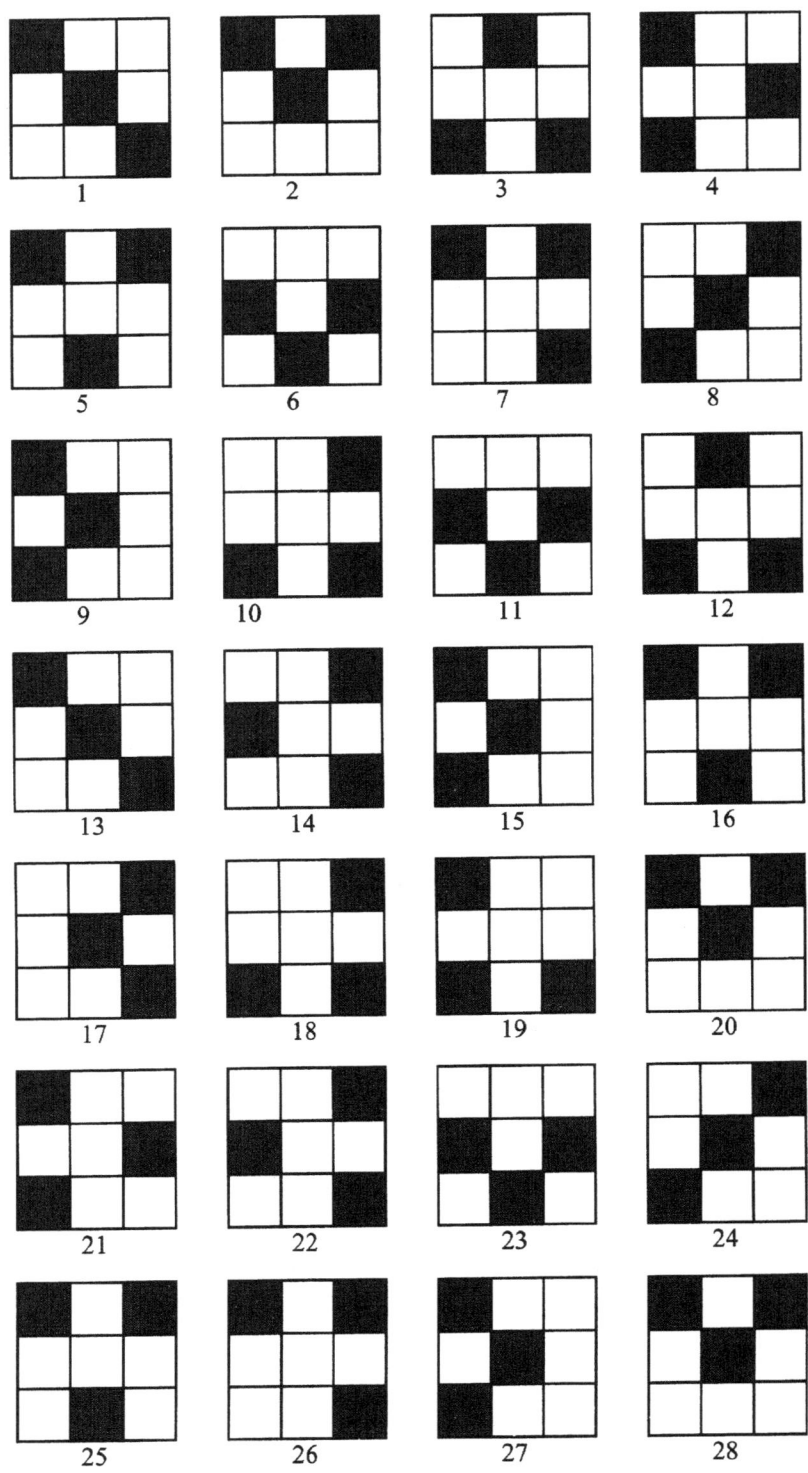

Welches Neuner-Quadrat gibt es nur einmal? _____
Welche Neuner-Quadrate gibt es zweimal? _____
Welche Neuner-Quadrate gibt es dreimal? _____

11. Tag

Aufgabe A: Figurenvergleich

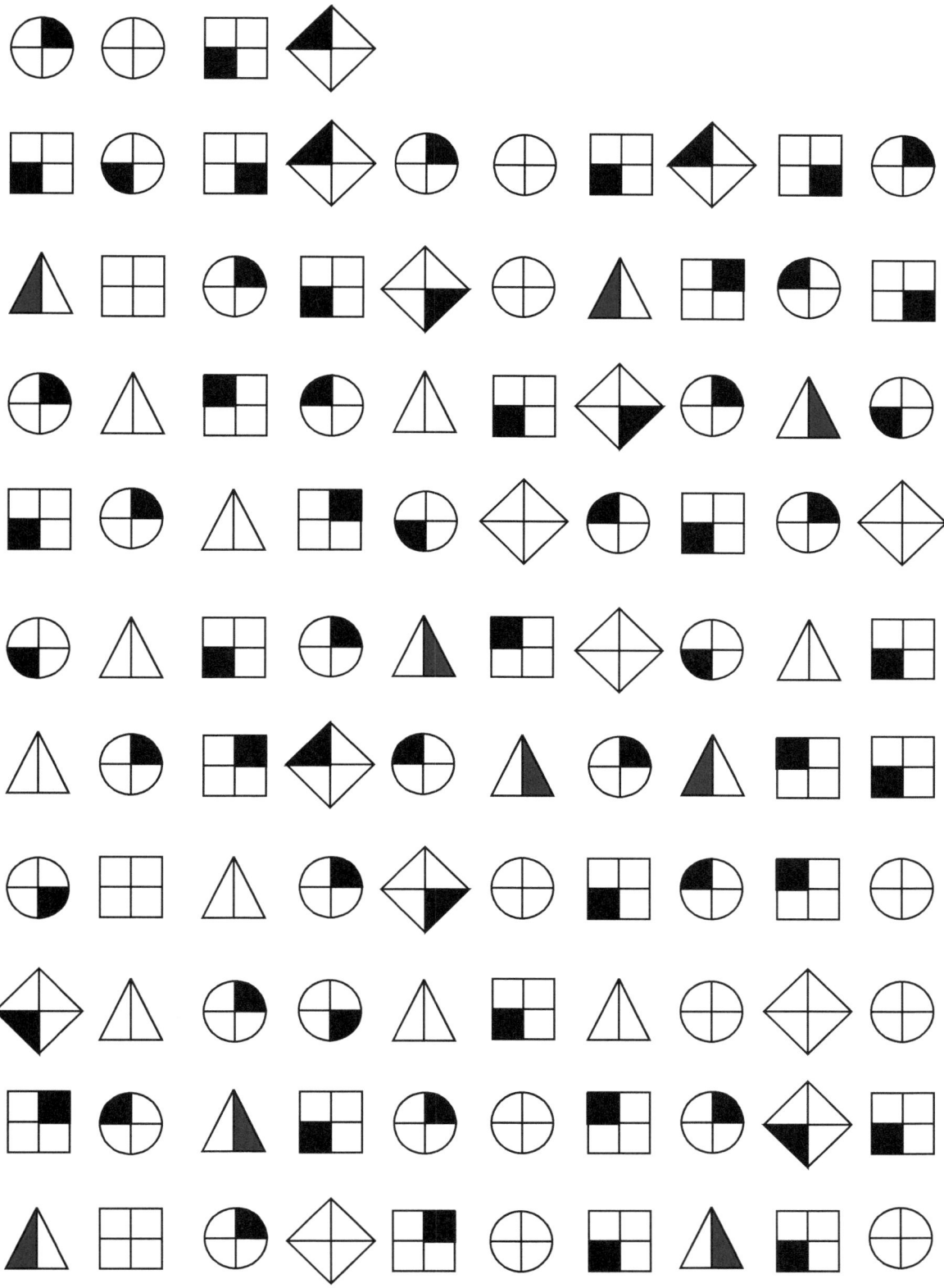

12. Tag

Aufgabe A: Unterschiede finden

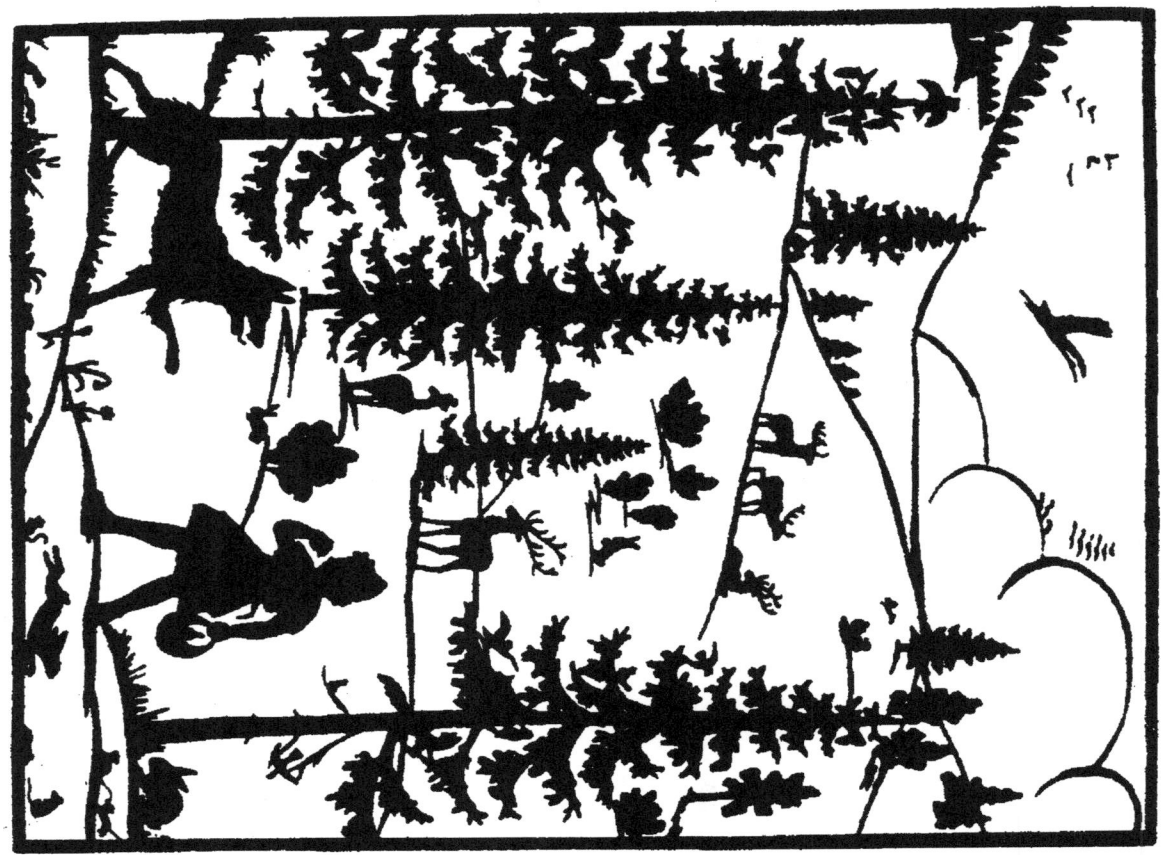

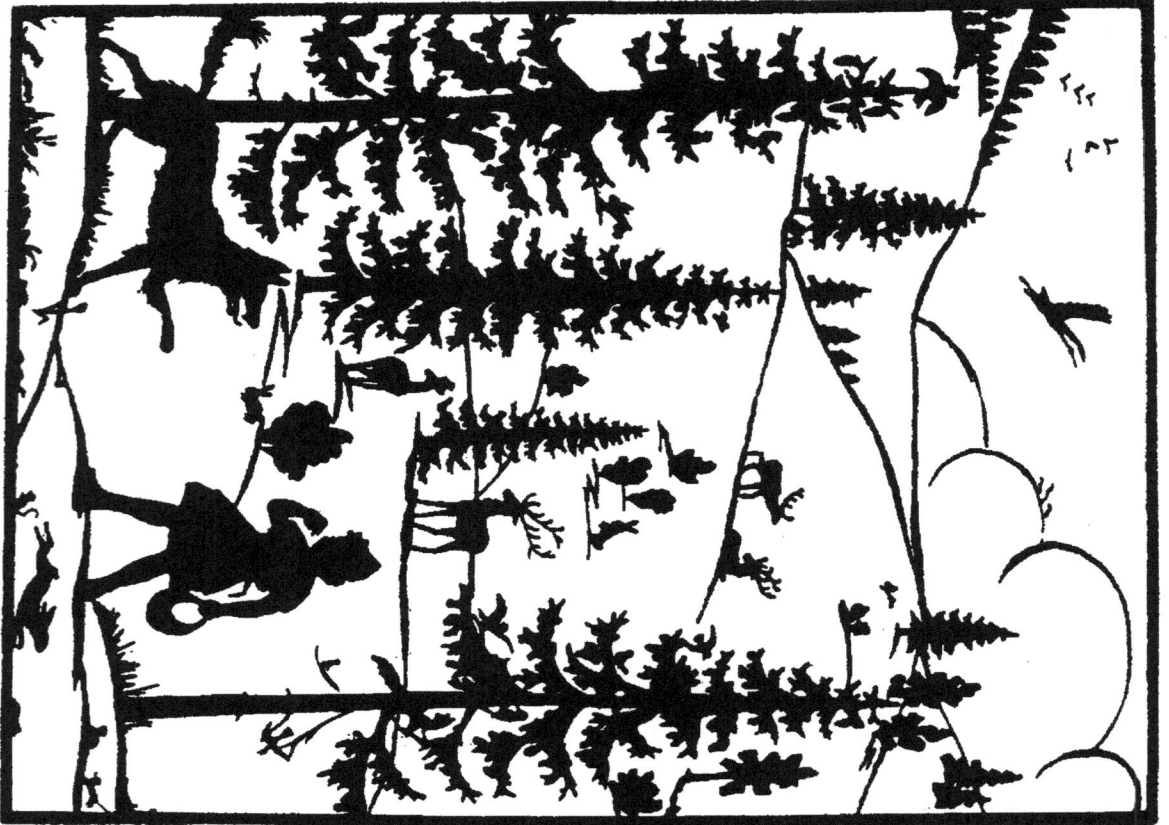

13. Tag

Aufgabe B: Vergleich von zwei Bildern

Aufgabe C: Fehlersuche

Vergleich Zahlen und Buchstaben:

1	2	3	4	5	6	7	8	9
b	k	f	n	r	m	p	q	s

1	2	3	4	5	6	7	8	9
b	k	f	n	r	m	p	q	s
2	9	7	3	1	5	6	4	8
k	s	p	k	b	r	m	n	q
5	9	6	1	4	8	3	2	7
k	s	p	k	b	r	m	n	q
4	1	8	5	2	7	9	3	6
n	b	q	r	k	f	k	f	m
6	3	4	7	9	1	5	8	2
n	f	r	p	s	b	r	s	b
8	3	6	7	5	2	4	9	1
s	n	r	n	m	k	n	s	b
7	9	2	8	4	1	6	5	3
b	k	f	n	r	m	p	q	s
9	4	5	3	8	6	1	2	7
s	n	b	f	q	m	b	k	p

Vergleich Buchstaben und Zahlen:

a	b	c	d	e	f	g	h	i
1	2	3	4	5	6	7	8	9

a	b	c	d	e	f	g	h	i
1	2	3	4	5	6	7	8	9
e	a	f	g	c	b	h	i	d
5	1	6	9	5	2	5	9	6
b	h	i	a	d	e	c	f	g
2	8	7	9	4	5	3	6	9
f	d	e	b	g	a	i	h	c
6	4	1	4	7	1	7	5	4
h	c	b	i	f	g	a	d	e
8	8	5	1	6	7	8	2	6
c	e	g	d	a	h	b	i	f
3	8	9	5	1	8	2	7	4
g	c	d	f	e	a	i	h	b
8	9	4	4	5	5	3	8	5
h	b	f	i	c	a	e	d	g
7	8	4	9	3	1	2	7	7

14. Tag

Aufgabe A: Rechnen mit Symbolen

■ = 6   ▲ = 5   ▼ = 4   ● = 3   ◆ = 2   ▮ = 1

■ + ▲ =

■ + ◆ =

■ + ● − ◆ =

● + ▲ − ◆ =

▲ + ▼ − ■ =

● + ▲ − ■ + ▮ =

● + ▮ + ▲ − ▼ =

▲ + ■ + ◆ + ▲ =

● + ◆ + ■ + ▼ + ▮ =

■ + ▲ + ▼ + ▮ + ◆ =

▲ + ▮ + ■ − ● + ◆ =

■ + ■ + ▲ − ◆ + ● − ▮ =

▼ + ● + ◆ − ▲ + ▮ − ▼ =

● + ◆ + ■ − ◆ + ▲ − ● =

▲ + ■ + ▲ + ■ + ▲ + ■ =

● + ▮ − ◆ + ▮ + ● + ■ − ▼ =

▲ + ■ − ▲ + ◆ + ■ − ▼ − ▮ =

● + ▮ + ◆ − ● + ▼ + ▮ − ▲ =

▼ − ◆ + ▲ − ● + ■ − ▼ + ▲ =

■ + ▼ − ▮ + ■ + ▲ − ◆ + ● − ◆ =

▼ + ■ + ◆ − ● + ▲ − ■ + ◆ + ▮ + ● =

Aufgabe B: Vergleich von zwei Bildern

15. Tag

Aufgabe A: Rechnen ohne Symbole

③④ = 7
⑧⑨④ = 13
⑤⑥⑦ = 18
①④⑩ = 15
③⑥⑨⑤ = 13
④⑤⑨⑩ = 28
①④⑥⑦ = 18
②④⑥⑧③⑦ = 10
②③④⑤④⑤ = 5
⑥⑦⑧⑨⑩ = 40
③④⑤⑥⑦ = 25
⑤⑥⑦⑨⑩ = 37
①③⑥⑦⑨④⑥⑨ = 7
③④⑦⑧⑩①⑥⑨ = 16
①②③④⑤⑥ = 21
⑦⑧⑨⑩⑦⑧ = 49
⑨⑩⑨⑩⑨⑩③⑥⑨⑩ = 29
⑤⑥⑦⑧⑨⑩②④⑥⑧⑩ = 15
⑥⑦⑧⑥⑦⑧⑤⑥⑦⑤⑥⑦ = 6

16. Tag

Aufgabe A: Vervollständigen von vorgegebenen Formen

Aufgabe B: Eine wichtige Botschaft

✡	✠	✣	✤	✥	◆	◇	★	☆	✪	☆	✬
A	B	C	D	E	F	G	H	I	J	K	L
★	☆	✩	☆	✳	✻	✴	✶	✺	✷	✵	✸
M	N	O	P	Q	R	S	T	U	V	W	X
		✺	✹	(	)	⟨					
		Y	Z	Ä	Ö	Ü					

17. Tag

Aufgabe A: Überprüfung der Punktmengen in Kreisen

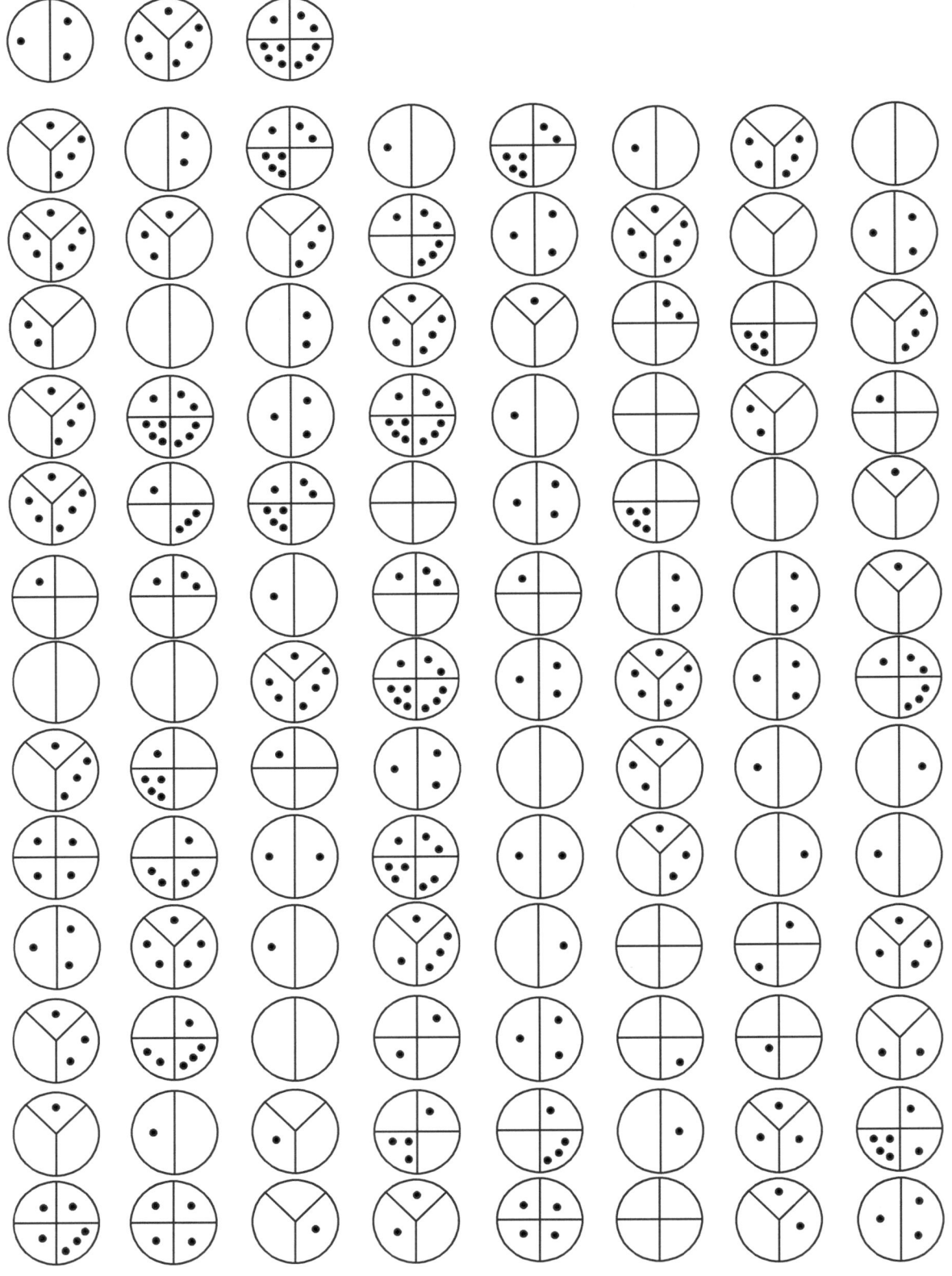

18. Tag

Aufgabe A: Entschlüsseln von Wörtern nach einer „Geheimschrift"

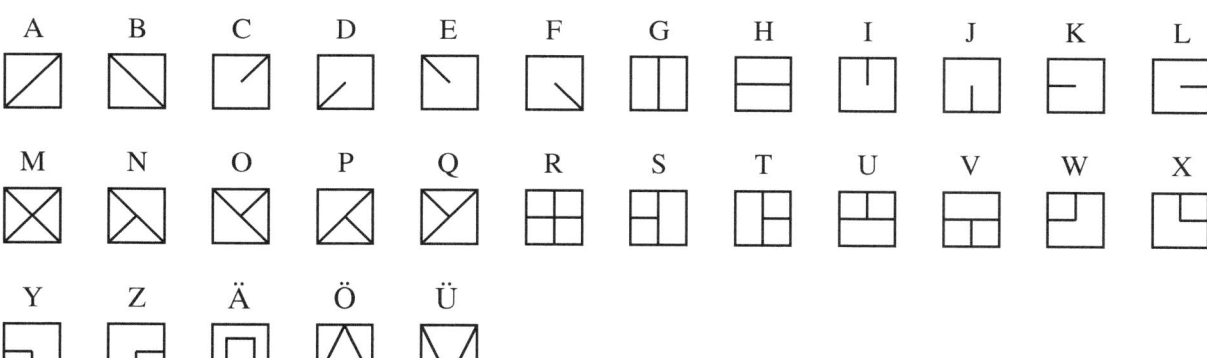

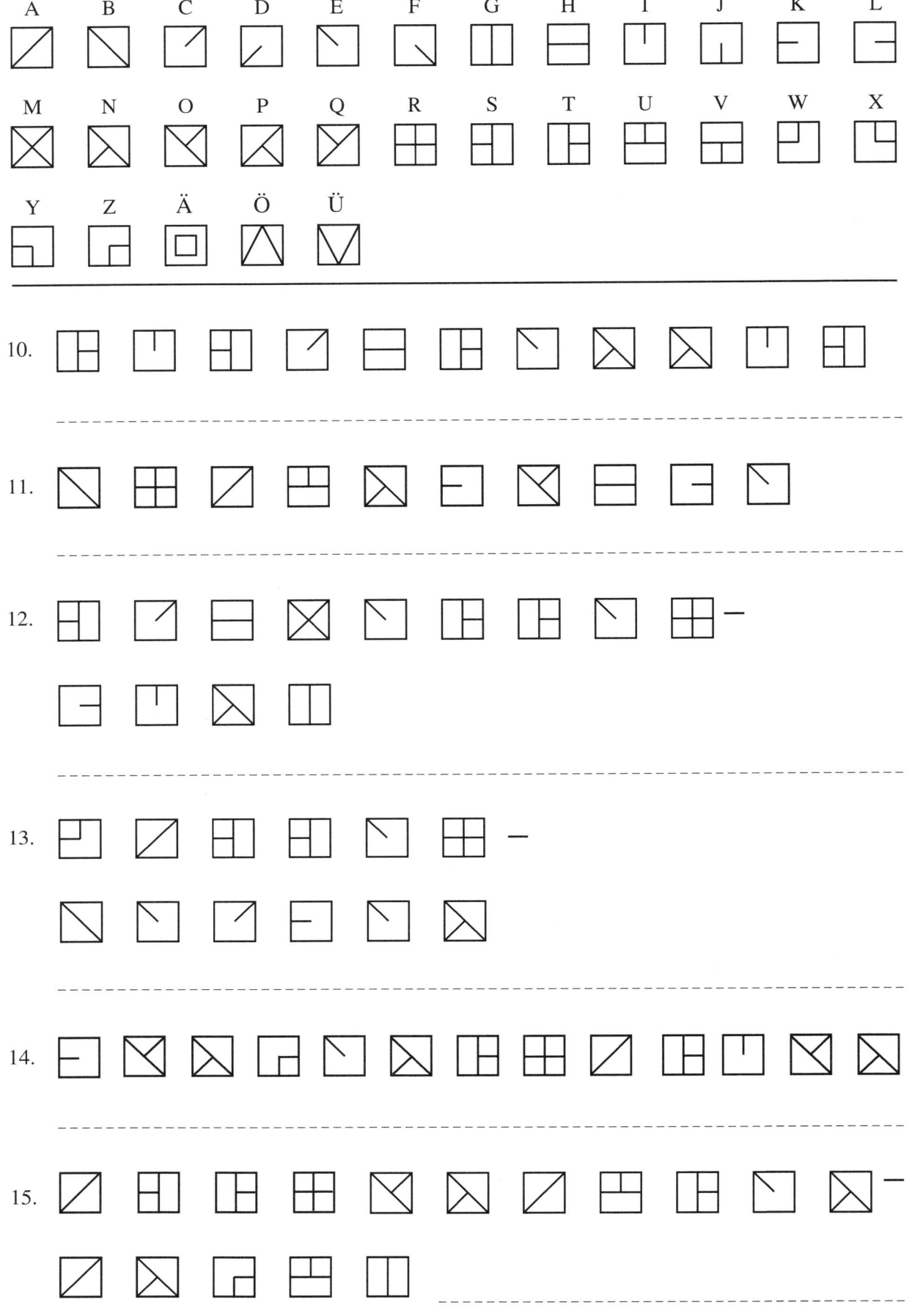

18. Tag

Aufgabe B: Differenziertes Erfassen von Teilen im Ganzen

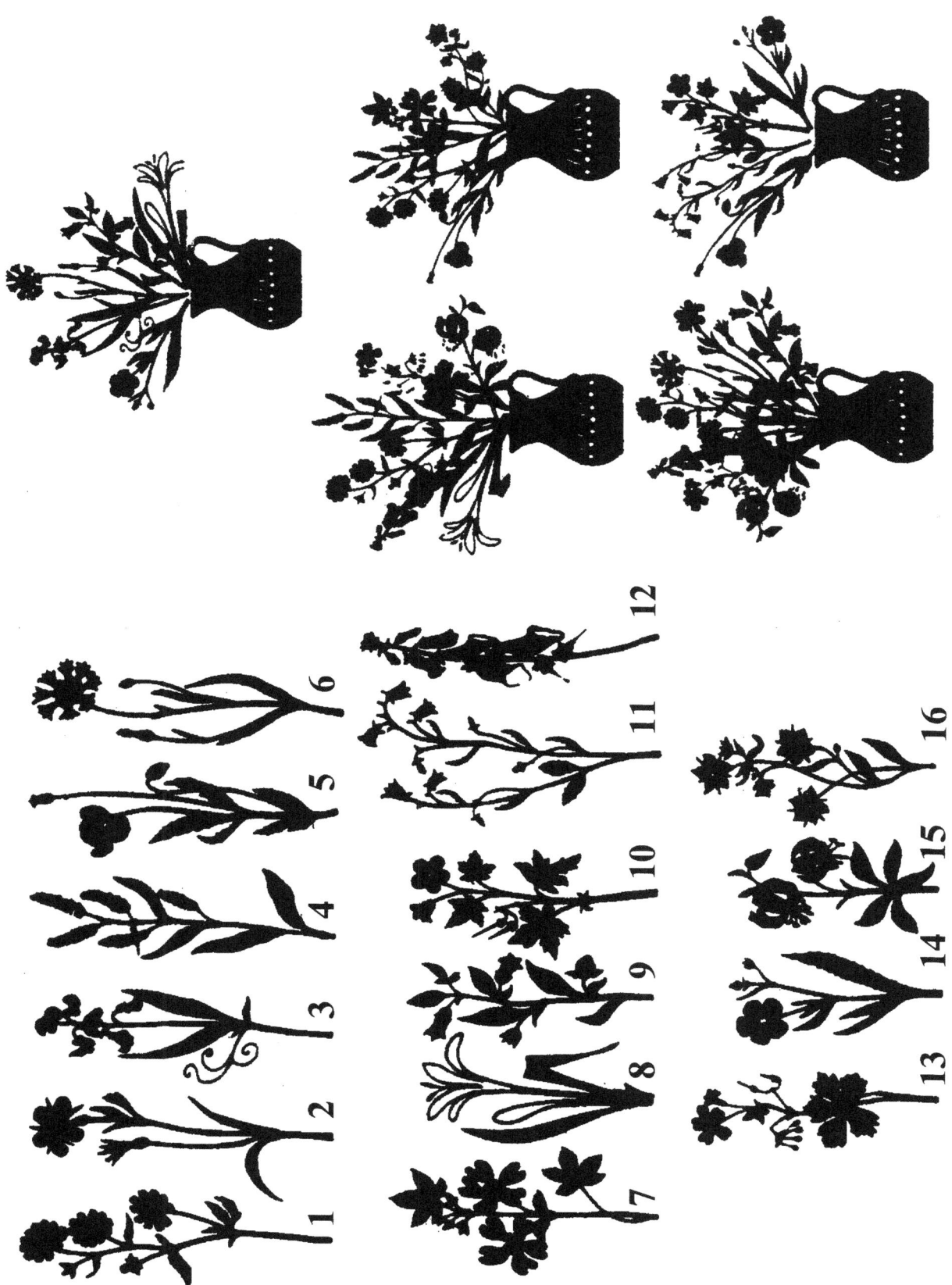

19. Tag

Aufgabe A: Übereinstimmung von Zahlen und Symbolen herstellen
   1. Teil:

1	2	3	4	5	6	7	8	9	10
<	>	∧	∨	[	]	(	)	⌒	⌣

6	4	9	2	1	8	7	5	10	3	6	2	9	7	4	1

2	6	4	8	1	5	3	7	1	2	6	10	7	4	10	4

5	3	9	8	2	4	10	2	5	3	8	6	7	1	10	2

7	9	5	2	4	10	4	1	3	5	9	7	8	6	1	5

4	6	9	8	2	1	3	5	10	7	1	3	9	5	2	10

2	6	4	8	1	5	3	7	1	2	6	10	7	4	10	4

5	3	9	8	2	4	10	2	5	3	8	6	7	1	10	2

19. Tag

2. Teil:

1	2	3	4	5	6	7	8	9	10
<	>	∧	∨	[	]	(	)	∩	∪

20. Tag

Aufgabe A: Rechnen mit Zahlensymbolen
Teil 1:

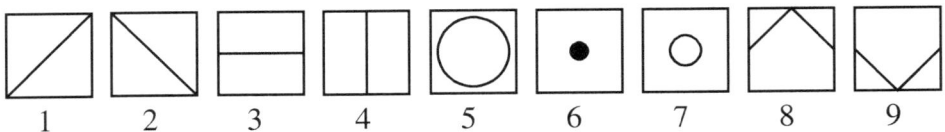

| 1 | 2 | 3 | 4 | 5 | 6 | 7 | 8 | 9 |

⊞ = ○ + △ + ▽ + •
     5   8   9   6 = 28

⊘ = ☐ ▽ ○
...... + ... + ... = ...

1. ☐ = ...   2. ⊟ = ...   3. ⊠ = ...

4. ⊙ = ...   5. ⊠ = ...   6. ⊞ + ⊙ = ...

7. ▽ + △ = ...   8. ⊟ + ⊠ = ...
   ....

9. ⊠ + ⊕ = ...
   ....

20. Tag

Teil 2:

10. ⊞ − ⊠ = ...

    ....

11. ◩ + ⊡ + ⊕ = ...

    ....

12. ⊙ + ⊠ − △ = ...

    ....

13. ◆ − ⊟ + ⊙ = ...

    ....

14. ◩ + ⊙ = ...

    ....

15. ⊞ + ◩ = ...

    ....

Aufgabe B: Mandala

Punktetabelle

	Aufgabe A	Aufgabe B	Aufgabe C	Summe
1. Tag	(3)	(3)	(4)	(10)
2. Tag	(4)	(2)	(4)	(10)
3. Tag	(4)	(3)	(3)	(10)
4. Tag	(4)	(3)	(3)	(10)
5. Tag	(4)	(2)	(4)	(10)
6. Tag	(5)	(2)	(3)	(10)
7. Tag	(3)	(3)	(4)	(10)
8. Tag	(4)	(3)	(3)	(10)
9. Tag	(4)	(4)	(3)	(10)
10. Tag	(4)	(4)	(2)	(10)
Summe 1. bis 10. Tag	**(39)**	**(29)**	**(32)**	**(100)**
11. Tag	(3)	(4)	(3)	(10)
12. Tag	(4)	(3)	(3)	(10)
13. Tag	(3)	(3)	(4)	(10)
14. Tag	(7)	(3)		(10)
15. Tag	(5)	(5)		(10)
16. Tag	(5)	(5)		(10)
17. Tag	(7)	(3)		(10)
18. Tag	(6)	(4)		(10)
19. Tag	(6)	(4)		(10)
20. Tag	(8)	(2)		(10)
Summe 11. bis 20. Tag	**(54)**	**(36)**	**(10)**	**(100)**
Summe 1. bis 20. Tag	**(93)**	**(65)**	**(42)**	**(200)**

(In Klammern steht jeweils die Höchstpunktzahl pro Aufgabe und Tag.)

Bei Fragen zur Produktsicherheit wenden Sie sich bitte an:
If you have any questions regarding product safety, please contact:

Brill Deutschland GmbH
Robert-Bosch-Breite 10
37079 Göttingen
info@v-r.de